MACÉDOINE

POÉTICO-PHILOSOPHIQUE

PAR

M. FÉLIX BOULLENOT.

PARIS
CHEZ LES MARCHANDS DE NOUVEAUTÉS.
1860.

BEAUNE. — IMPRIMERIE LAMBERT.

AVANT-PROPOS.

—

L'homme à l'abri du besoin, qui a perdu toute illusion, trouve le monde bien drôle quand il regarde au-dessus de lui, et bien triste dès qu'il abaisse ses regards. Dans le monde élégant et riche, beaucoup de ridicules; chez le peuple, de grandes souffrances qui, par moments, semblent dépasser les forces de l'humanité. Les gens riches, remplis d'admiration pour eux-mêmes, sont entr'eux louangeurs par caractère; la vérité simple ne peut leur convenir, et, tant qu'ils peuvent, ils s'éloignent de la réalité.

Il est positif que tout ce qui est fait par les hommes, lors même que c'est bien fait, présente un côté défectueux. Selon moi, mieux vaut signaler ce côté que tout approuver sans aucun examen. Grande est l'inconséquence des gens qui approuvent toujours et quand même; car chez nous le changement est continuel : on fait un jour, et on défait le lendemain. Pourquoi défait-on? — Sans doute, parce qu'on a reconnu les défauts de la chose faite. — Les gens qui ont approuvé cette chose n'avaient donc pas raison ; malgré cela, ils seront encore les premiers à applaudir ceux qui ont renversé l'objet de leur ancienne prédilection.

J'ai souvent admiré, mais toujours en silence. — Les exclamations et les trépignements avec lesquels on veut figurer l'enthousiasme, presqu'en tout temps, me semblent de mauvais aloi. Dans les théâtres, il n'y a guères que les claqueurs payés qui applaudissent ; en dehors du théâtre, c'est bien à peu près chose pareille.

Aux yeux de certaines personnes, qui n'applaudit pas dénigre ; ces gens-là ne sentent pas qu'en applaudissant aujourd'hui, ils sont les premiers à dénigrer ce qu'ils applaudissaient hier à outrance.

MACÉDOINE

POÉTICO-PHILOSOPHIQUE

LA LIBERTÉ.

I.

L'homme par-dessus tout chérit la liberté ;
Sans elle, nul bonheur ne peut être goûté.
Si dans ses mouvements un homme n'est pas libre,
La douleur en son âme attaque chaque fibre ;
Et fût-il possesseur d'un immense trésor,
Esclave, il ne peut pas utiliser son or.

Des vices éhontés la sale multitude,
Pour le malheur commun, naît dans la servitude :
Des qualités de l'homme en tout dépossédé,
L'esclave n'est, hélas ! qu'un être dégradé.

O douce liberté ! dans ce siècle d'affaires,
Où viennent se heurter mille intérêts contraires.
Bien des gens ont déjà déserté ton drapeau
Pour suivre aveuglément un système nouveau.
Ton nom dans les discours pourtant se trouve encore ;
Mais, mis au second plan, il paraît incolore.
Aux amis du bon ordre, à présent en faveur,
O pauvre liberté ! tu fais peur et grand'peur,
Cependant, le bon ordre est bien ton frère unique :
Privé de ton soutien, il devient rachitique.

Vous prêtant, tous les deux, un fraternel appui,
Vous pourriez vivre en paix et sans aucun ennui ;
Mais si, vous séparant par un brusque caprice,
Vous voulez l'un de l'autre avoir le bénéfice,
Vous perdez tous les deux ; et, loin de réussir,
Chaque jour, on vous voit lentement dépérir.
La liberté sans l'ordre est la chose impossible ;
Et sans la liberté, qui doit être paisible,
Un bon ordre réel ne peut pas exister :
Le fait est, à coup sûr, facile à constater.

Ce qui vient démontrer, avec pleine évidence,
Combien la liberté pour tous a d'importance,
C'est que, libre chez lui, l'homme aime faire bien :
L'esclave n'est content que lorsqu'il ne fait rien.
Avec la liberté, tout vit et tout progresse ;
La liberté détruite, on ne voit que bassesse ;
Et l'homme étiolé, devenant abruti,
N'est plus qu'un animal, plus ou moins bien nourri.

La liberté pour nous ne peut être réelle
Que si nous sommes tous bien protégés par elle.
Certes, nous n'avions pas un grain de liberté
Lorsqu'en quarante-huit, justement détesté,
On voyait à Paris, la nuit, dans chaque rue,
De vauriens avinés une énorme cohue
Criant : des lampions — lampions — ou du plomb !
A ces cris obstinés le plus lent était prompt :
D'un seul coup, tout Paris, et pour la nuit entière,
Resplendissait soudain d'une vive lumière.
Néanmoins, les gamins cassaient quelques carreaux ;
Puis, le jour arrivé, contents de leurs travaux,
Ces maudits sacripants avec leurs cantinières
Allaient boire du vin, s'enivrer aux barrières.
Pour eux, c'était bien là tout-à-fait l'âge d'or :
Boire et crier la nuit, boire le jour encor.
La liberté par eux transformée en licence
Pour tous, eux exceptés, n'amenait que souffrance.

Mais, loin de s'affliger, ils riaient de bon cœur
En voyant du bourgeois l'incessante frayeur.

Les gouvernants d'alors, personnages fort drôles,
Car ils croyaient avoir à remplir de longs rôles,
Sans doute, auraient voulu de ces francs polissons
Modérer, tant soit peu, les appétits gloutons ;
Mais, de force entraînés par le flot populaire,
Ils étaient obligés de voir et de se taire.
Ainsi de leurs méfaits, dès le premier moment,
Pour eux a commencé le juste châtiment.

Après avoir d'un roi, dont l'âme était trop bonne,
Par fraude, indignement renversé la couronne,
Ils croyaient, se voyant arrivés au pouvoir,
Que pour faire ils avaient simplement à vouloir ;
Et qu'ont-ils-fait ? — Du mal. – Dans leur outrecuidance,
Ils s'étaient installés au Collège de France !
Le ridicule alors dépassait l'odieux ;
Et pourtant ils avaient, tristes ambitieux,
Détruit la liberté qui, par imprévoyance,
Contre les intrigants est toujours sans défense.
Au surplus, à présent, ces grotesques consuls,
Défunts ou dispersés, sont des êtres bien nuls.
Par tous désavoués, leur folle clientelle,
Dès longtemps, a cessé de leur être fidèle.
Ecrasés forcément par leurs cuisants remords,
Ils me semblent vivants plus à plaindre que morts.

J'en reviens à ma thèse ; et je persiste à dire
Que sans la liberté l'ordre ne peut suffire ;
Et que sans l'ordre aussi périt la liberté :
Ce principe à mes yeux paraît incontesté.

La liberté pour vivre a besoin de lois sages
Et d'un profond respect pour les anciens usages.
Des changements fréquents sont l'indice certain
Que, bien mal aujourd'hui, ce sera mal demain,

Si l'antique Albion, toujours riche et prospère,
Garde la liberté chez elle toute entière,
C'est qu'elle a conservé dans la chambre des lords,
Qui pour la liberté sont de vaillants supports,
Le simple sac de laine où l'aristocratie
Trouve, tout à la fois, et sa gloire et sa vie.
Les communes ensuite aux innovations
Opposent constamment leurs institutions.
Du speacker la perruque et le vieux sac de laine
Font que le peuple anglais aime encore sa Reine.

Ces gens audacieux, soi-disant novateurs,
Ne sont, le plus souvent, que des imitateurs.
Car de quarante-huit le faux patriotisme
Reprit le bonnet rouge et le sans-culottisme.
Et, s'ils avaient osé, le déesse Raison
Eût, certes, reparu chez nous à l'horizon.
Du pauvre esprit humain les nombreuses folies,
Après un temps donné, se croyant rajeunies,
Reviennent en public se montrer hardiment.
Elles restent d'abord, grâce à l'étonnement
Que produit en tous lieux leur incroyable audace ;
Mais enfin le bon sens leur fait quitter la place.

Néanmoins, le retour trop souvent répété
De ces fous et vauriens au langage exalté,
Aux sinistres projets, détruit la confiance
Et vous ôte, parfois, jusques à l'espérance.
Il nous faut pour jouir de notre liberté
Avoir dans nos maisons pleine sécurité.
Au milieu de brouillons que le désordre amuse,
Quand le méchant du simple impunément abuse,
La liberté languit; elle est frappée à mort
Si l'arbitraire un jour, un seul, est le plus fort.
Et puis bientôt après disparaît la justice,
Lorsqu'elle voit les sots à genoux près du vice,

Qui perd la liberté, perd le plus grand des biens :
Malheur pour lui, malheur aussi pour tous les siens.
La liberté ! — C'est tout. — Le caprice d'un maître
Du valet le plus gras peut briser le bien-être,
Tandis que l'homme libre, assuré de son pain,
S'il travaille est heureux et bénit son destin.

La liberté ne met au rang de ses adeptes
Que des hommes sensés et non les gens ineptes
Qui, de tous les pouvoirs approuvant les rigueurs,
Eussent de Robespierre exalté les fureurs.
Ces individus-là, n'aimant que leurs personnes,
Du plus fort ont toujours trouvé les raisons bonnes ;
Ils font sonner bien haut leur modération ;
Mais pour ne pas sortir de leur position,
Pour conserver chez eux leur aisance ordinaire,
Ils verraient, sans pitié, souffrir la France entière.
Modérés avec rage et trembleurs par le sang ;
Sans cesse on les verra placés au même rang.
Tantôt républicains et tantôt royalistes,
Rouges ou blancs, ils sont lâchement égoïstes :
La liberté n'a pas de plus grands ennemis.
Par ces Caméléons tous moyens sont admis ;
Pour eux il n'est jamais d'insurmontable obstacle :
Sur les débris d'un trône ils restent au pinacle.
Jamais à nul pouvoir ils n'ont prêté d'appui ;
Et le pouvoir que tous ils flattent aujourd'hui,
S'il tombait, dès demain, par leurs bouches impures
Se verrait accablé de grossières injures.
Ces madrés courtisans, véritable fléau,
Prennent pour chaque cause un visage nouveau.
Criant à pleins poumons pour la cause gagnée,
Une cause perdue est par eux condamnée.
Leur bonheur est pourtant moins réel qu'apparent :
Malgré leur grand savoir, le mépris les attend ;
Et, quand ils ne sont plus, leur mémoire flétrie
Disparaît lentement sous son ignominie.

Mais de ces courtisans pourquoi s'entretnir ?
Ils sont. — Nul ne pourra les faire déguerpir.
C'est un mal inhérent à notre pauvre espèce,
Mélange indéfini d'honneur et de bassesse.
Pour lui, le courtisan aime la liberté ;
Autant qu'un autre, il craint de se voir molesté :
Il pense seulement que toujours l'homme sage
Doit d'abord rechercher son unique avantage ;
Et qu'il faut, au besoin, pour faire son chemin,
Quand il vous gêne trop, culbuter son voisin.
C'est dans toute sa force un honteux égoïsme
Qui prend pour son second l'adroit charlatanisme.
Dans un centre pareil, bien loin de réussir,
La liberté ne peut longtemps se soutenir.
Au surplus, son départ, parfois, plaît à la masse
Qui, par goût, aime à voir chacun changer de place ;
Et c'est longtemps après qu'une réaction
Peut à la liberté rendre son action.

Le soleil est souvent voilé par des nuages ;
Jamais il ne paraît au milieu des orages ;
Mais, quand aux aquilons le calme a succédé,
Des rayons du soleil le monde est inondé.
Ainsi, dans un pays où la guerre civile
Fait naître en tous les cœurs un mouvement fébrile,
La liberté s'éclipse, et son retour n'a lieu
Que si l'homme revient aux préceptes de Dieu.
Ces préceptes, par Dieu mis dans la conscience,
Pour l'homme valent mieux, bien mieux que la science

II.

L'Infini ! — Ce mot là confond l'orgueil humain
Qui jamais n'est bien sûr d'avoir un lendemain.
La puissance de Dieu n'ayant point de limite,

L'infini devait être. — Il est — dans son orbite
Chaque astre gravitant suivant l'ordre arrêté,
De Dieu, dans l'infini, tout suit la volonté.

Les savants en renom, qui voudraient tout comprendre,
Aiment dans leurs discours quelquefois à s'étendre
Sur notre monde à nous et sa formation ;
Mais tout ce qu'on a dit sur la création,
A mon avis, n'a rien qui paraisse plausible :
Pas un seul argument qui soit irrésistible.
Les systèmes nouveaux sont par les nouveaux nés,
Au bout d'un certain temps, aisément détrônés,
Mais, pour sûr, les nouveaux ne sont pas plus solides
Que leurs prédécesseurs devenus invalides.

L'homme porte en son sein le germe de la mort :
Aussi bien peu de temps doit-il se trouver fort.
Lors même qu'il se livre au travail le plus rude ;
Malgré tous ses efforts et beaucoup d'aptitude,
L'homme ne produit rien qui puisse résister
A l'action du temps qui doit tout emporter.

Ce que l'homme construit se dégrade bien vite ;
Mais, ayant foi complète en son propre mérite,
Il blâme, sans pitié, ce qu'un autre construit ;
Et, sitôt qu'il le peut, il renverse et détruit.
Il cherche à reconstruire alors sur des décombres,
Sans songer qu'à sa mort surgiront en grands nombres
Des gens qui, comme lui, pressés de démolir,
Déferont en un jour ce qu'il vient de finir.

Rien ne peut donc durer longtemps parmi les hommes
Le changement nous plaît ; et, tous tant que nous sommes,
Si nous n'y perdons pas, nous aimons fort à voir
Les riches et les grands renversés du pouvoir :
Triste effet de l'envie et du froid égoïsme.
Entr'égaux vous trouvez un vif antagonisme ;
Puis on voit les bourgeois, sans cesse mécontents,

Mépriser les petits et jalouser les grands.
Avec si peu d'accord il est bien difficile
Que le peuple longtemps reste calme et docile,
Le moindre mouvement, follement excité,
Porte un coup désastreux à la tranquillité :
Vous tombez promptement, en plein, dans l'anarchie.
— Et comment en sortir ? — Mais une main hardie
Saisit la dictature ; et sous le joug tenus,
Les bourgeois, un peu tard, sentent qu'ils sont vaincus.
Adieu la liberté. — Quand règne l'arbitraire,
L'éloquent orateur est forcé de se taire.
Par ses nombreux licteurs constamment escorté,
Un dictateur est sûr de se voir redouté.
Mais si dans tous les lieux il inspire la crainte
De ses licteurs, parfois, il sent aussi l'étreinte ;
Avec eux il lui faut fréquemment transiger :
Ce n'est qu'en leur donnant qu'il peut tout exiger.

Je trouve que l'histoire est effrayante à lire.
Les bienfaits de la paix, que toute âme désire,
Se montrent rarement, comme une exception ;
Et la guerre est partout. La désolation
Des peuples et des rois se montre à chaque page :
Les peuples, par moments, se battent avec rage ;
Non pas entre voisins ; mais, traversant les mers,
Bravant, pour arriver, mille périls divers,
Ils répandent leur sang à des distances folles.
Sans but précis, souvent pour de vaines paroles.
La guerre est, ici-bas, le seul état normal.
Plus à ses ennemis un guerrier fait de mal
Et plus il est tenu par tous en grande estime :
Traité comme un héros, il atteint le sublime.

Dieu n'a point créé l'homme, ou je me trompe fort,
Pour se battre et frapper plus vite que la mort.
L'homme apporte en naissant une âme aimante et bonne ;
Si, plus tard, il se bat et s'il ambitionne

Le titre et le renom de soldat valeureux,
Il a changé beaucoup et ce n'est pas en mieux.

L'homme qui, chaque jour, perd un peu de lui-même,
Veut, en vain, de la mort résoudre le problème :
Le doute inquiétant se glisse dans son cœur
Et, loin de la calmer, il accroît sa douleur.

Pour l'homme qui possède une foi bien sincère
La mort n'a rien d'affreux : en mourant il espère.

Jamais les vrais croyants n'ont été trop communs :
Plus d'un culte à grand'peine en compte quelques-uns.
J'appelle vrai croyant celui qui, dans sa route,
S'avance d'un pas ferme en n'ayant aucun doute ;
Qui suit fidèlement, et sans réflexion,
Les préceptes nombreux de sa religion.
Le vrai croyant toujours est un homme estimable,
Non celui qui prenant un maintien respectable,
Par ostentation fréquente le saint lieu
Et fait le bon dévot sans croire même à Dieu.

O Seigneur Dieu ! combien d'erreurs sont répandues !
Et ces erreurs seraient vainement combattues.
Par défaut de calcul le peuple est entêté ;
Ce qui par lui se trouve une fois adopté
Subsiste aussi longtemps qu'il veut garder la chose,
Puis il change souvent, brusquement et sans cause.

Tout homme croit avoir trouvé la vérité ;
Mais deux hommes d'accord sur un point discuté
Sont un fait peu commun et qui, certes, mérite
Pour l'exemple de tous que souvent on le cite.

Comme tous les objets de la création,
Ici l'homme a reçu sa destination.
Il naît, vit quelque temps, puis finit assez vite ;
Le corps, car pour notre âme, oh ! jamais je n'hésite,

Suivant ce que j'éprouve, à proclamer bien haut
Que la mort n'atteint point notre âme avec sa faux.
Aussi longtemps qu'elle est simple, pure et modeste,
Notre âme se ressent de sa source céleste :
Pour tous elle n'aura qu'amour et que bonté.
Si sur elle, parfois, pèse l'adversité,
Elle supportera son mal sans nulle plainte :
Sa foi vive loin d'elle éloigne toute crainte.
Souffrir, en faisant bien, pour l'homme vaudra mieux
Qu'un bonheur acheté par des moyens honteux.
L'honnête homme qui souffre, en versant quelques larmes
Est soulagé : sa peine aurait presque des charmes.
Mais un malhonnête homme, avec de grands trésors,
Dépérit, bourrelé par ses cuisants remords.
Le remords, selon moi, d'une façon palpable,
Démontre que notre âme est, certe, impérissable,
Et que notre corps seul entrant dans le tombeau,
L'âme doit s'en aller dans un monde nouveau.

L'homme qui réfléchit et qui toujours n'écoute
Que la seule raison, souvent est dans le doute.
Qui croit à Dieu doit croire à son éternité ;
Alors derrière vous un nombre illimité
De siècles écoulés, de milliards d'années ;
Et vous, pauvres humains, vous comptez par journées !
Ensuite, admettrez-vous que le monde est nouveau
Et que de six mille ans il n'a que le fardeau ?
Qu'avant lui rien n'était qu'un cahos effroyable :
Mais le cahos alors est incommensurable.
— Et pourquoi ce cahos a-t-il autant duré ?
— Pourquoi si tard le monde en fut-il donc tiré ?
Au milieu du cahos, si Dieu pouvait se plaire
Le monde, tel qu'il est, n'était point nécessaire.
Ensuite pouvez-vous, avec précision,
Assigner une date à la création ?
— Si vous répondez : oui, d'un ton plein d'assurance,
A tous vous inspirez entière confiance ;

On vous croit sur parole, et vous voyez blâmer
Tout homme qui, doutant, n'ose rien affirmer.
Mais cela prouve peu, la preuve même est nulle,
Car tel individu, souvent fort incrédule.
Voulant tout ménager, plaire en chaque maison,
Dit : oui, quand on dit oui. — Puis : non, quand on dit non.

Que le monde, au surplus, ayant sa force entière,
Doive fournir encore une longue carrière ;
Ou bien qu'il soit déjà tout proche de sa fin,
L'homme n'en doit pas moins accomplir son destin :
Vivre un peu, puis finir. — Que bravement il vive ;
Doucement il finit, et sans douleur trop vive.

La terre qui nous porte et tout le firmament
Brisés d'un même coup, dans le même moment,
Anéantis, enfin, peuvent-ils cesser d'être ?
L'esprit humain s'y perd. — Le monde disparaître !

Ce qui n'est pas douteux pour l'homme un peu sensé
C'est que notre univers est, sans cesse, exposé
A des commotions plus ou moins violentes
Qui, dans certains endroits, par malheur, sont fréquentes.
Dans ces commotions où tout est saccagé
L'aspect de maint pays est tout d'un coup changé.

Les révolutions que notre globe éprouve
Comment les expliquer ? — Pour moi, l'eau qui se trouve
Dans le sein de la terre est l'agent principal
Des bouleversements qui causent tant de mal.
La présence de l'eau dans le sein de la terre
Se manifeste à nous d'une façon bien claire.
Des profondeurs du sol ne voit-on pas sortir
Des fleuves, des torrents qui coulent sans tarir.
Dès que ces masses d'eau peuvent changer de place,
D'effrayants changements se font à la surface.
N'étant plus soutenus, les monts sont affaissés
Et, par le contre-coup, les vallons exhaussés,

Ces déluges partiels, en renversant les villes,
Font périr les humains par centaines de milles ;
Mais moins d'un siècle après tout mal a disparu :
L'homme est ce qu'il était, de vices bien pourvu.

DU CRÉDIT FONCIER.

Sur le crédit foncier (la chose est bien permise)
Je veux ici parler avec pleine franchise.
J'attaque mon sujet. — Qu'est-ce que le crédit?
— Pouvoir, en tous les temps, avec un mot d'écrit,
Se procurer l'argent qui vous est nécessaire ;
Pouvoir, sans leur donner chaque jour leur salaire,
Mettre en œuvre chez soi de nombreux travailleurs ;
Acheter sur parole et chez tous les vendeurs
Inspirer constamment entière confiance :
Voilà du vrai crédit toute la quintessence.
Les bases d'un crédit établi fortement
Sont des biens cultivés, gouvernés sagement.
Ainsi pour qui possède et n'est pas malhabile
Contracter un emprunt est la chose facile.
Il est clair que celui qui n'a que de l'argent
Doit vouloir le placer ; pour lui c'est même urgent :
Il lui faut retirer un certain bénéfice
De l'argent qui, s'il dort, ne rend aucun service.
Si donc nombre de gens ont besoin d'emprunter,
Un bien grand nombre aussi s'occupe de prêter.
Quand cela marche seul, sans rencontrer d'ornière,
Peut-on dire qu'il soit d'utilité première
De changer, à présent, des usages bien vieux
Qui pour aller plus loin viennent de nos aïeux ?

Vous aurez beau créer avec beaucoup d'adresse
Des établissements d'une nouvelle espèce ;
Vos plans seront frappés, tous, de stérilité

Si vous n'avez pour vous toujours la vérité.
Ce qui semble très-beau, facile en théorie,
Mis en œuvre, souvent devient une folie;
Et la preuve à citer, c'est le crédit foncier.
Tout d'abord, il était brillant sur le papier :
Mais, à peine avait-il fait un pas bien timide,
Qu'il paraissait déjà tout-à-fait invalide.
La réclame pourtant le prônait en tous lieux :
Fort inutilement : il n'en allait pas mieux.
En vain, pour le tirer d'un marasme semblable,
Un gouverneur lui tend une main charitable;
Il lui fallait encore un nouveau réglement;
Il le possède; eh bien ! va-t-il plus lestement?
Il le croit. Moi, j'en doute. — Au surplus, ses promesses
A tous font entrevoir un amas de richesses.
Dans le fait, que le sort vous protège un moment,
Vous êtes enrichi tout d'un coup, en dormant :
Par le crédit foncier, par lui la loterie
Se trouve bel et bien, à présent rétablie.
Loin d'en être fâché, j'en suis, ma foi! content :
La loterie était un moyen excellent
Pour procurer aux gueux quelque peu d'espérance.
L'espoir, à lui tout seul, adoucit la souffrance.

Mais aux dépens de qui sont fournis tous ces lots
Dont le crédit se sert en guise de pipeaux?
— Aux dépens de l'Etat. — Eh bien ! pour cela même
Le crédit foncier reste à l'état de problème.
Si du gouvernement il n'avait rien reçu,
Dès longtemps de la scène il serait disparu.
A ses bailleurs de fonds fait-il la part trop bonne;
Il faut que l'emprunteur, en ce cas-là, lui donne
Un intérêt très-fort, puisque ses employés
Sur ce même intérêt doivent être payés.
Aux yeux de tous, je crois, il est clair et visible
Que prêter à bas prix pour lui n'est pas possible.
L'argent qu'il veut prêter il le doit emprunter;

Et pour ce même argent il a donc à compter,
Quand même il resterait en caisse à ne rien faire,
Les intérêts promis à chaque actionnaire ;
Au bout d'un certain temps, on pourrait bien le voir
Payer des intérêts et n'en plus recevoir.

Serait-il bien aisé de prêter assistance
A ces cultivateurs dont la dure existence
Se passe dans les champs en bravant les saisons ?
— Mais d'abord il leur faut d'abondantes moissons,
Et puis des acheteurs quelque peu raisonnables :
Il leur faut, voyez-vous, deux chances favorables.
Dieu seul peut les donner ; tandis que tous les prêts
Du mal qui se déclare activent les progrès.

Mais alors, dira-t-on, en comptant de la sorte,
Emprunter soit à Jean, soit à Jacques, n'importe,
Est un fait désastreux dont il faut se garder :
A vendre mieux vaudrait toujours se décider.
— Très-exact : une dette ou forte ou bien légère
Est le signe évident d'un faible caractère.
De là, je vais conclure avec conviction
Que du crédit foncier l'administration
Ne prêtera jamais qu'à des gens dans la gêne
Qu'un malheur obstiné vers la débacle entraîne ;
Et de là forcément les maussades huissiers
Deviendront, un beau jour, ses plus chers familiers.

Chacun sait qu'un marchand dont souvent les affaires
Pour le plus clairvoyant ne sont rien moins que claires,
Soutenant, avec peine, un très-mince débit,
Garde pourtant toujours une ombre de crédit ;
Tandis que, bien souvent, un bon propriétaire
Ne trouve de l'argent qu'au moyen du notaire,
Est contraint d'engager, par acte, tous ses biens :
Parfois sa femme aussi doit engager les siens.

D'où provient, s'il vous plaît, pareille différence ?
De nos mœurs n'est-ce pas la triste conséquence ?

— Le commerçant qui manque à ses engagements
Est passible toujours de quelques châtiments :
La prison est pour lui, sans cesse, en prespective;
Et la prison inspire une crainte assez vive.
Le commerçant est donc alors intéressé
Pour ses engagements à se montrer pressé.
Lors même qu'il croirait se relever bien vite,
Avant tout, il désire éviter la faillite.
Il n'en est point ainsi pour le cultivateur :
A ses engagements s'il ne fait point honneur,
Aussi longtemps qu'il n'est ni voleur, ni faussaire,
La loi pour lui se montre et douce et débonnaire.
Et s'il a, par hasard, un esprit processif,
S'il est en procédure expert, même inventif,
A la fin il pourra, par les frais de justice,
Faire perdre au prêteur qui s'est montré novice.

Tant que de tels méfaits, répétés fréquemment,
S'accompliront chez nous toujours impunément,
Votre crédit foncier, et vous aurez beau faire,
Doit rester constamment à l'état de chimère;
Ou bien vous parviendrez par de nouvelles lois
De greffe et d'hypothèque à supprimer les droits;
Puis la propriété, d'un transfert bien facile,
Comme un titre de rente alors serait mobile.

Un fait assez plaisant qu'on ne peut récuser,
C'est que plus vous pouvez du crédit vous passer,
Plus le crédit pour vous montrera d'obligeance,
Tandis qu'il n'a toujours qu'une rude arrogance
Pour les gens obligés d'avoir recours à lui.
Aux pauvres ainsi donc refusant son appui,
Chez les riches n'ayant qu'un accès difficile,
Le crédit, après tout, n'est vraiment guère utile.

BOUTADE.

L'homme qui veut trop réfléchir,
Qui veut marcher avec prudence,
Paraît lent dès qu'il faut agir ;
Il est taxé de nonchalance.
Aussi, bien mince est son crédit ;
Il ne plaira point à la masse
Qui, dans son caprice, applaudit
A qui fait voir le plus d'audace.
L'intrigant ne doute de rien ;
Nulle barrière ne l'arrête :
Il aura toujours pour soutien
Une foule ignorante et bête.
Pour lui donc un poste élevé ;
Pour lui surtout de la fortune.
Las ! sur un fripon achevé
La loi souvent n'a prise aucune.

LES LARMES.

Oui, la vie est bien drôle ;
On y pleure, on y rit.
Mais le plus brillant rôle
En peu de temps finit.
Rire, est-ce le plus sage ?
Non certe à mon avis.
Toujours pleurer soulage
Quand le mal vous a pris.
Ah ! quelquefois les larmes,
Fruits de la volupté,
Sont les plus fortes armes
Dont se sert la beauté.
Ici-bas sur la terre,
Peut-on ne pas pleurer
Quand l'affreuse misère

Partout vient se montrer ?
Mais pour l'espèce humaine
Les larmes sont un bien :
Qui pleure voit sa peine
Presque réduite à rien.
Pour l'homme, la souffrance,
Voilà l'état normal :
Vivre dans l'abstinence,
C'est s'affranchir du mal.
Rire est contre nature,
Le rire est, à mes yeux,
Sur bien triste figure,
Un mouvement nerveux.
L'âme souvent soupire ;
Elle ne rit jamais :
Qui donc ici peut rire
Quand la mort est tout près !
Pleurons en cette vie,
N'en craignons point la fin :
Douleur et maladie,
Voilà notre destin.

HÔPITAUX.

Au milieu de cette nature
Qui, chaque année, à sa parure
Met quelque chose de nouveau ;
Qui n'est un instant assoupie
Que pour se montrer rajeunie
Toujours avec un air plus beau ;

Parmi cette magnificence,
Preuve de la toute-puissance
Du seul et divin Créateur,
L'homme, sous cette vaste tente
D'étoiles tout étincellante,
Ne peut rencontrer le bonheur.

Des excès de toutes les sortes,
A deux battants ouvrent les portes
Chez nous à des milliers de maux.
La santé sans la tempérance
N'a qu'une chétive existence :
Que de viveurs dans les tombeaux !

Ainsi la pauvre espèce humaine,
Par sa faute, aura de la peine
En courant après le plaisir :
Promptement le plaisir vous use ;
Le jeune homme qui trop s'amuse
De bonne heure devra finir.

Qu'un homme au sein de l'opulence
D'un mal sente la violence,
Il aura tout pour son argent.
On est chez lui sur le qui vive ;
A ses côtés garde attentive
Et médecin intelligent

Mais que dans un pauvre ménage
Où chacun vit de son ouvrage,
Le mal arrive là soudain :
Après un seul mois sans salaire,
On y voit la pâle misère
Attendre, en pleurs, un peu de pain.

L'ouvrier, quand la maladie
Chez lui paraît bien établie,
S'il peut, doit gagner l'hôpital,
Où de saintes et dignes filles,
Qui des pauvres font leurs familles,
Par leurs soins calmeront son mal.

J'admire la religieuse !
En tout temps calme et courageuse,
Elle reste près des mourants ;
Pour combattre une épidémie
Elle sacrifierait sa vie,
Quand les hommes sont défaillants.

Pour les habitants de la ville,
Quels qu'ils soient, il est bien facile
D'être admis dans les hôpitaux ;
Le campagnard n'est recevable
Qu'autant qu'il se trouve solvable :
Par jour, un franc dix pour ses maux.

Et pourquoi cette différence ?
Est-ce que partout l'indigence
Ne doit pas avoir mêmes droits ?
A tous pauvres dans la souffrance
Vous devez prêter assistance,
Si du Christ vous suivez les lois.

Non pas, vous dit-on, tel hospice
Est pour tels gens. — Mais c'est un vice ;
Car le malheureux villageois
N'est en nul hospice admissible :
Pour les sœurs il n'est pas loisible,
Gratis, de le soigner un mois.

Du reste, oubliant l'indigence,
Sur les riches, de préférence,
La mort s'acharne avec fureur.
Dans les palais le froid silence
Est bien souvent en permanence
Près de la poignante douleur.

A Paris, dans les cimetières,
Combien de convois funéraires !
Là, toujours des pleurs, des sanglots.
Mais tout auprès force guinguettes,
Où l'on voit d'un peuple en goguettes
Constamment augmenter les flots.

Du tableau triste est la peinture ;
Qu'importe ! — Puisque la nature
Conserve toute sa beauté.
On voit disparaître des races
Qui ne laissent aucunes traces :
Debout reste l'humanité.

www.ingramcontent.com/pod-product-compliance
Lightning Source LLC
Chambersburg PA
CBHW070544050426
42451CB00013B/3174